Made in the USA
Middletown, DE
29 December 2021

57284693R00062